# यादों के भँवर

## शायरी संग्रह



कृष्ण पाल सिंह

Made with ♥ on the Notion Press Platform
www.notionpress.com

B.S.P.H.S.S No.2 Dalli Rajhara

के Re-union 2023 के सभी साथियों को समर्पित

तेरी मुहब्बत से ही मजबूर हुए थे

तेरी मुहब्बत में ही मशहूर हुए हैं

बरबाद भी हुए , तेरी मुहब्बत में

तेरी मुहब्बत में ही मगरूर हुए हैं

# क्रम-सूची

# भूमिका

*मेरी कलम से*

*इसे मैं शायरी संग्रह कहूँ या शायरी नुमा संग्रह, जो भी कहना है, वह आप पर छोड़ता हूँ। मैं तो बस इतना जानता हूँ, कि ये कुछ पंक्तियां हैं, जो अलग-अलग समय पर, भिन्न-भिन्न लोगों कि प्रेरणा से लिखी गई हैं। कला, बिना कल्पना के अधूरी है और कल्पना बिना यथार्थ के, तो कुछ कल्पना भी इन पंक्तियों में जरूर है। एक परंपरागत विषय है, जो सदैव नवीन है, वह है- 'प्रेम'। यह झरने की तरह सदैव प्रवाहित है, जो निरंतर है, गिरता है, उठता है पर कभी समाप्त नहीं होता। अपितु हर बार ऊंचाई से गिरकर जब उठता है, तो छटा बिखेरता है। अपने मोहपाश में हम सबको बांध लेता है। इसका आकर्षण नियत है, जो कभी समाप्त नहीं होता। इस झरने का उद्भव भी स्वत: है, और कभी-कभी एक रहस्य है। इसकी रफ्तार धीमी है, तो कभी तेज है, परंतु निरंतर है। इस यात्रा की परिणति आपके सामने एक संग्रह के रूप में है, जो इस यात्रा में परोक्ष या अपरोक्ष रूप से मेरे साथ रहे, उन सभी का धन्यवाद। विशेष रूप से उसका जो इस झरने के उद्भव का कारण है।*

*अंत में गूगल हिंदी इनपुट, नोशन प्रेस, माइक्रोसॉफ्ट वर्ड और इंडिया टाइपिंग डॉट कॉम का धन्यवाद।*

*आपके अमूल्य सुझाओं का इंतजार रहेगा*

*कृष्ण पाल सिंह*

## यादों के भँवर

*YADON KE BHANWAR*

*BY Krishna Pal Singh*



प्रथम संस्करण: जनवरी 2024
प्रकाशक : Notion Press
उपलब्ध है : Notion press, Amazon (Paper back and e-book) & Flipkart

## संपर्क

Mail : kpsingh.ir@gmail.com
Youtube : @KPsinghpoet
Facebook page: कृष्ण की रचनाएँ
Instagram : @kpsingh.ir

# 1

# तेरी याद

आज रह रहकर तेरी याद आ रही है

मेरी जिंदगी गम में डूबी जा रही है

फिर भी तुझसे मिलने कि, कोई उम्मीद ही नहीं है

तू कैसा चाँद है कि तेरी कोई ईद ही नहीं है

अभी अभी याद तेरी आयी , अभी कलम उठाया था

अभी अभी दिल में अपने मैं , तुम्हारी तस्वीर बनाया था

~

आज फिर तुम्हारे इंतज़ार में हैं

लेकिन उम्मीद है, आज भी न आओगे

बस यूँ ही इंतज़ार करते रहेंगें तुम्हारा

और तुम , चार लाइनों में समा जाओगे

~

अब जैसे खत का तेरे इंतज़ार भी नहीं

हर पल जो तेरी यादों में खोया रहता हूँ

आखिर करूँगा भी क्या मैं इन खतों का

रोज तुमसे जो खाबों में मिला करता हूँ

~

लम्हा लम्हा यूँ गुजरता है , जैसे वर्षों बीत रहें हैं

ना इन लम्हों को हार सकते हैं , ना हम इसे जीत रहे हैं

~

नजरें झुकीं थीं , तेरी भी , मेरी भी

सांसें रुकी थी , तेरी भी , मेरी भी

यूँ बेमकसद तो नहीं होगा , हमारा यूँ अचानक मिलना

कुछ आरजू थी , तेरी भी , मेरी भी

~

तू इस क़द्र न मुझसे ख़फ़ा हो , मेरे दोस्त

मैं वक़्त कि मानिंद गुजर जाऊंगा किसी रोज

~

मुहब्बत थी तेरी निगाहों में, कि उलझ के रह गयी जिंदगी

अब तू नहीं है , तेरा एहसास नहीं है

अब तो रास्तें हैं बस रास्तें हैं

मंजिलों कि अब तलाश नहीं है

तुझसे मिलकर लगता है कि हम नहीं मिले

मीलों चलकर भी लगता है कि हम नहीं चले

आसमां को जमी और दरिया को समंदर चाहिए

साथ इतने पलों के बाद लगता है कि हम नहीं जिए

काश कि ये रातें इतनी हसींन होतीं

काश कि जिंदगी हर सुबह न रोती

काश कि हम वो होते , जो हम थे

काश कि हर शय में मैं होता , तुम होतीं

~

न जाने वो कौन सा दरख्त था , जिसकी छाँव कि तलाश थी

आज तो आरज़ुओं ने भी , दहलीज़ पर दम तोडा है

बिखर गएँ थे तिनके तिनके , तेरी यादों के हर तरफ

उन्हें फिर आज हमने , तेरी तस्वीर से जोड़ा है

~

तुझे भी मुहब्बत है मेरी तरह

एक बार इस बात का एहसास हो जाये

तू खुश है , जुदा होकर मेरी तरह

तो जीना ज़रा आसान हो जाये

एक पल का भी ख्याल रुला देगा किसी दिन

कि तेरी याद आँखों में , धुएं सी चुभती है

मैं ढूंढता फिरता हूँ , इस धुंध में तुझको

कोई नहीं, इस जगह , हर सुबह ये कहती है

ता सफर याद आती रही ,

ता सफर हम गुनगुनाते रहे

हर लम्हा ,

सामने थी मुलाकातें अपनी ,

उन मुलाकातों के हम गीत गाते रहे

~

उनके होने का एहसास , जब पास होता है

दिल मायूस तो नहीं , पर उदास होता है

कि वो जमाना गुजरे भी , एक अरसा हो गया

देखकर उन्हें , गैर कि बाँहों का एहसास होता है

~

जाने क्यूँ मसले , अल्फाजों से हल न हुए कभी

ना तू हमें भुला , ना हम तेरे बगैर जिए कभी

बस राह पे एक मोड़ आया और मुड़ गए तुम

ना हमने तुम्हें रोका , ना तुम रुके कभी

ऐसा नही की प्यार नही है

ऐसा नही की दिल बेकरार नही है

अंजाम ए इश्क़ तो देखिए कृष्ण

अब किसी का इंतज़ार नही है

वक़्त यूँ बेवक़्त भी नही गुजरा

तेरा होकर वो वक़्त भी नही गुजरा

कहने सुनने को कई बातें थी मगर

कोई इस राह से रहगुजर भी नही गुजरा

उसे न मेरी जरूरत थी, न मुझे उसकी

बस एक दूसरे को याद किया करते थे

वो अपनी मंजिल के करीब था, मैं अपनी राह में

फिर भी हम साथ चला करते थे

वक़्त बे वक़्त

तुम मुझको न सताया करो

मैं मशरूफ़ जो रहूँ

तो मुझे न याद आया करो

और

क्यूँ शाम ढलते ही

जहन में बस जाते हो तुम

मुझे याद भी हो गर

ख़ाब मे मिलना

तो तुम भूल जाया करो

एक एहसास हो तुम , जो खोया सा है

एक प्यास हो तुम, जो सोयी सी थी

एक सपना हो तुम, जो सोया सा है

एक मुस्कान हो तुम, जो खोयी सी थी

ना भूल पाने का कभी, गुरूर था हमको

ज़िंदगी ने ली करवट , की यादों मे रह गए तुम

तुम्हें महसूस करता हूँ , अब भी कही भीतर

ना जाने कितनी बार आंखों से बह गए हो तुम

वक़्त बदला , लोग बदले , साथ तुम भी

वक़्त बदला , लोग बिछड़े , साथ हम भी

~

यूँ ही बिखरा हुआ सा

एक दौर है,

तेरे-मेरे बगैर

तू भी है,

मैं भी हूँ,

मेरे–तेरे बगैर

~

मैं अब भी वही शक्श हूँ , तू अब भी वही मंजिल

पर रास्ते तलाशने में जिंदगी गुजर गयी

जब-जब किया रोशन शमा को, तेरी झलक की खातिर

एक आंधी सी चली और शमा ही बुझ गयी

ये फूस का छप्पर ,अब भी पड़ा हुआ है

कुछ बिखर गया, तेज बयार में

तेरी यादों के पत्ते हैं यहाँ-वहाँ

शाख पर नहीं हैं, जरा देखभाल के

तुझे याद करना ना जाने कब दस्तूर हो गया

तुझे जितना चाहा, तू उतना दूर हो गया

कुछ कदमो के फासले थे, हमारे-तुम्हारे दरमियान

न तुम आये न हम ,और प्यार मजबूर हो गया

आँखों का पानी भी धोखा दे जाता है

जितना ही छिपाते हैं आंखों से छलक जाता है

रुठ जाती है किस्मत भी कभी-कभी ऐ दोस्त

जिसे जितना चाहते हैं वो उतना जुदा हो जाता है

कुछ लम्हें, कुछ सपने लेकर बीत गए

कुछ सपनों को कुछ लम्हों की तलाश थी

गुजर रहा था वक्त,कि जैसे रुकना जानता ही नहीं

समंदर किनारे, रेत के अधर सूखे थे,प्यास थी

~

ये तस्वीर किसकी है? जो मेरी आंखों में आई है

कभी दिल ने मुझसे पूछा, कभी मैंने दिल से

कभी मुझसे कहता नहीं, पर सिसकता रहता है

ये तुम्हारा अश्क है, या तुम्हारा वजूद?

~

मोहब्बत न खुद से थी , न ज़माने से

जिंदगी यूँ ही रही , हंसने-हंसाने से

जिक्रे वफ़ा जब भी आया , जुबां पर किसी के

नफरत सी रही , उस बीते हुए अफ़साने से

वो खाब रुला देता है मुझको

वो बात रुला देती है

हर रात तेरे कस्मों-वादों कि

याद दिला देती है

वो गीत जला दिए मैंने

जो तेरी यादों में लिख्खे थे

फिर भी जहन से

तेरी याद मिटी नहीं

हर चेहरा

हर मोहब्बत का अफसाना

तेरी याद दिलाता था

पर किसी की भी सूरत

कभी तुझसे मिली नहीं

दुनिया का आखिर , क्यूँ ये दस्तूर होता है

जिसे जितना चाहो , वो उतना दूर होता है

~

चाँद तन्हा था, सूने आसमान पर

रात की रानी, ज़मी पर बिखरी हुई थी

तुम न थे, कहीं आस-पास मगर

तुम्हारी यादें, ज़हन से लिपटी हुई थी

~

# 2

# सजा

उस गुनाह की क्या सजा दूँ खुद को

की दिल पे बोझ का एहसास कम हो जाये

इस तरह की जिंदगी भी नहीं अच्छी

या तो हो जिंदगी जैसी , या फिर मौत आये

मेरा दर्द मेरी आँखों में समां क्यूँ नहीं जाता

जो आया मेरी जिंदगी में , वो आ क्यूँ नहीं जाता

कि महसूस वो करे , जो मेरी आँखों में नहीं दिखता

ये दरिया किसी समंदर में समां क्यूँ नहीं जाता

मैं खामोश रहकर भी कहता हूँ बहुत कुछ

तुम कहते हुए भी खामोश रहते हो

जब भी कहा मैंने कुछ , तुमने बात टाल दी

अब हर कदम पर जिंदगी के अफ़सोस करते हो

वक्त , हालात, लम्हे , बदल क्यूँ नहीं जाते

हम जिनके थे , उनके हो क्यूँ नहीं जाते

कब तलक चलते रहेंगे , ये रास्ते मंजिलों कि ओर

इससे तो अच्छा था , ये खो क्यूँ नहीं जाते

जब यकीन नहीं है तो भुला दो मुझे

जो खफा हो मुझसे तो सजा दो मुझे

ये खामोशी का कफ़न, क्यूँ ओढ़ लिया है तुमने

कोई बात है अगर, तो बता दो मुझे

ये मन

उदासियों का समंदर नहीं

तो क्या था ?

मै जहाँ पैदा हुआ ,

वो शहर नहीं

तो क्या था ?

बीत क्यूँ नहीं जाते ,

लम्हें ,

कुछ इंतज़ार -प्यार में

अभी अभी

जो बयार उड़ा ले गयी ,

वो बसर नहीं

तो क्या था ?

~

वफ़ा कहीं मिली नहीं

पर हम बेवफा जरूर कहलाये

मोहब्बत में खुद को जला कर

दिल अपना खाक कर आये

~

तुमसे मोहब्बत अब कभी हो ना पायेगी

मेरे रास्ते और हैं, तेरी मंजिलें और हैं

~

उन यादों के कब्रिस्तान में

जब जी आता चला जाता

कुछ आंसू , कुछ फूल

और कुछ पल मोहब्बत के

कब्र पर लुटा आता

मेरे जज्बातों को, क्यों समझता नहीं कोई?

मेरी बातों को, क्यों कहता नहीं कोई?

मैं जानता हूं, ये दूरियां मैंने बनाई हैं

उन दूरियों को कम, क्यों करता नहीं कोई?

तुम्हे लगता है , मोहब्बत नहीं आती हमें

हम तो सिर्फ इसका नाम जानते हैं

सच तो यह है , कि हम

इस मोहब्बत का अंजाम जानते हैं

लो जिंदगी में फिर एक मक़ाम आ गया

एक लम्हा तुम्हारे नाम आ गया

मैं चला था कुछ कदम तुम्हारे बगैर

तभी तुम्हारा पैगाम आ गया

किसी कि आँखों में जो, आंसू बनकर उतर आते

ऐ काश कि हम भी कभी , हथेलियों में नजर आते

मगर ये क्या , कि मेरी पहचान से भी नफरत है उन्हें

समंदर कि दहलीज़ नहीं , तू ही बता जिंदगी हम किधर जाते

~

वो लफ्जों कि बात करते हैं

खामोश निगाहें नजर नहीं आती

इल्ज़ामात के दौर होते हैं , बस

अश्कों पे नजर नहीं जाती

~

राह, मंजिल, न जाने कितने, मकाम आएंगे

दिल कि गहराइयों से, न जाने कितने नाम आएंगे

पर हर नाम का चेहरा, तुम्हारा होगा

हम यूँ ही गुजर जायेंगें, या बदनाम जायेंगे

~

बहुत खूब काटी है

तुमने , जिंदगी ये दोस्त

कभी मेरे बगैर

कभी मेरी यादों के बगैर

~

कल फिर कोई इलज़ाम लगाकर

तुम मुझको जुदा कर दोगे

शायद इसी तरह तुम मुझे

उम्र भर दगा दोगे

~

अब सोचते हो , उन मोहब्बत के वादों को

जो टूटी मोतियों की तरह बिखर गए हैं

काश ये पहले सोचा होता , अब नहीं

जब हमारे रास्ते बिछड़ गए हैं

~

कुछ कहो कुछ कहने का आगास करो तुम

कभी मेरी हसरतों का एहसास करो तुम

मैं यूँ भी, तुम्हारी जिंदगी से दूर नहीं

कभी अपनी जिंदगी में , तलाश करो तुम

कुछ कहना कुछ सुनने की कोशिश है

कुछ करना कुछ पाने की कोशिश है

जिन्दगी ने करवट कुछ इस तरह ली

तुम्हें याद करना , तुम्हें भुलाने की कोशिश है

हमारे प्यार को इकरार की जुबां चाहिए

तुम्हारे दिल को इंकार की वजह चाहिए

जुबां खामोश , वजह गुम है

मुकद्दर के मारों को, अब और क्या चाहिए

൭൭

बेवजह ही मेरे खिलाफ हो जाना तू

जब दर्द हद से बढ़े तो भूल जाना तू

तेरा मुकद्दर तो मैं बदल सकता नही

मेरे मुकद्दर से रुठ जाना तू

൭൭

न जाने कौन था,

जिसे फुरसत नही थी

शायद बदकिस्मत ही था,

कि जिंदगी में मोहब्बत नही थी

उसे एहसास था ,

पर न जाने क्यूँ भुलाये बैठा था

चंद पलों कि मुलाकात को

अपना बनाये बैठा था

महफ़िलो की चाह थी ,

अब शोर से डर लगता है

बढ़ा तो लूँ कदम तेरी ओर,

पर अफ़सोस से डर लगता है

अफ़सोस इसका नहीं , कि तुम्हें हमसे मोहब्बत नहीं

अफ़सोस इसका है , कि तुम्हें ऐतबार नहीं

पलट कर तुम्हें एक बार देखना चाहा था

फिर सोचा , क्या हम लौट पाएंगे

वक़्त के हादसे वक़्त के साथ रहे

जो साथ छूटा , वो मेरा मुझसे था

अब तू भी , तू नही है, मैं भी मैं नहीं

जो एक वादा था, तेरा तुझसे था

# 3

# तनहाई

मेरे हालात मुझे रोने नहीं देते

हॅसने की मेरी तबियत नहीं होती

कि याद आ जाते हैं कुछ लोग , मुस्कराहट के साथ

जबकि मुस्कराने कि मेरी तबियत नहीं होती

तू मुझसे खफा है कि मैं तुझसे खफा हूँ

तू मुझसे जुदा है कि मै तुझसे जुदा हूँ

बेचैन इस कदर , बेवक्त रहते हैं हम

तू मेरा खुदा है ? कि मै तेरा खुदा हूँ ?

तेरे अश्कों से अब , जस्बात बयां नहीं होते

हम होते हैं तेरे पास , मगर नहीं होते

वो कौन सी हसरत है , जो छूकर गयी अभी मुझको

महसूस करते हैं कई बार , मगर नहीं कहते

भूल जायेंगे हम भी , भूल जाओगे तुम भी

कशक दिल की दिल में रह जाएगी

रास्ते तो भटकते जा मिलते हैं, चौराहों पर

ना जाने किस मोड़ पर ये जिंदगी टकराएगी

൭൭

पढ़ा था, इश्क़ में सिर्फ दिया जाता है

पर हम संग दिल निकले , कि चाहत भी थी कुछ हमारी

यूँ तो तुमने, क्या नहीं दिया हमको

पर महसूस होती है, हर पल कमी तुम्हारी

൭൭

तुम इस तरह से मुझको , उन यादों में दफ़्न न करो

मुझे महसूस करो मगर , मेरे वजूद को क़त्ल न करो

फिर वही लम्हें, वही हम- तुम होंगे करीब ,

अब आओ , साथ चलें , क्षितिज के फलक तक बढ़ चलो

कशक दिल में आज भी है, तुमसे क्यों कहा नहीं?

आज तुम कहां हो, मुझको कुछ पता नहीं

शायद कोशिश भी मैं, करना नहीं चाहता

जिंदगी का अब क्या ! कुछ इसमें रहा नहीं

अकेलेपन का एहसास, कम होता नहीं

खुद से जूझने का एहसास भी, सोता नहीं

यूँ तो हँसने को, कई चेहरे हैं मेरे पास

पहले कि तरह आज भी, कोई साथ रोता नहीं

आंखे हो चमकती हरदम,

हर बात में दर्द का एहसास होता है

खोये खोये से रहते हैं हरदम

उन्हें किसी से प्यार होता है

एक चिराग नहीं महल में

शमशान सा लगता है

अब वो घर नहीं

जहाँ हम थे, तुम थे

शहर वीरान सा लगता है

~

आज जिंदगी फिर इस मोड़ पर लायी है

चारो ओर तनहाई ही तनहाई है

सोचता हूँ , दिल में क्यूँ है हलचल इतनी

सबब इसका शायद , तेरी बेवफाई है

~

मेरी खामोशी तुम्हारे अल्फ़ाज़ों की राह थी

तुम्हें मेरी , मुझे तुम्हारी चाह थी

साथ रहकर भी साथ चल न सके

ना जाने क्यूँ जिंदगी, नाराज़ इस कदर थी

~

किस बेबसी कि बात करते हो तुम

दिल से मजबूर हो , या फिर , यादों से घिरे हो तुम

यकीन तुम्हें खुद का भी नहीं , हमारा भी नहीं

जिंदगी के इस मोड़ पर , किस राह चल पड़े हो तुम

~

दरमियाँ फासले, यूं भी न थे कभी

तुम तो मेरे अपने हो , नाराज़ क्यूँ होते हो

वक़्त की रफ्तार पर , कौन आया , कौन गया

तुम अंजाम हो मेरा, आगाज क्यूँ होते हो

ಌ

उनके ख़तों की आदत सी हो गयी है

अब वही खत , सुबह-शाम कई बार पढ़ा करता हूँ

हंसी , ठिठोली , रूठना , मनाना , सब कुछ तो है उसमें

बस जिंदा रहकर भी, कई बार मरा करता हूँ

ಌ

ये जिंदगी भी किस काम की थी

चंद साँसें भी नाम की थी

अब क्या तुझे याद रखते, क्या भूल पाते

गुजर गई , जिस नाम की थी

~

तुम्हारा प्यार तुम्हारा था, मेरा प्यार मेरा था

हमारे इस प्यार में , प्यार की गुंजाइश नही थी

याद आती है, वो मोहब्बत बचपन कि

जब सिर्फ मोहब्बत थी , आजमाइश नहीं थी

~

पता नहीं, मैं तुझे याद था या नहीं

पता नहीं, तुझे ये एहसास था या नहीं

ना जाने कितने लोग , कितने जस्बात थे, तेरे आस-पास

पता नहीं, मैं तेरे पास था या नहीं

~

आँखों में अब, तुम नज़र नहीं आते

ना दिल की तनहाइयों में, तुमसे बात होती है

मेरे लफ्ज़ भी, खत्म हो गए शायद

कलम जब भी उठती है , सिसकती है

~

हर बार अंजाम , आग़ाज़ का दुश्मन होता है

तुम कहाँ हो , यह सोचकर दिल आज भी रोता है

बेमकसद तो, ये तकलीफ नहीं होगी शायद

वरना ये कौन सा वक़्त है, जो बेचैन सा होता है

∾

तुम्हारे इकरार के इंतजार में, रहे उम्र भर

पर बात इतनी सी थी , कि तुमसे कभी कहा नहीं

सोचा था, मोहब्बत में ताकत होती है , सो कह देगी

अब इस कद्र है मोहब्बत , कि इंतजार भी रहा नहीं

∾

कत्ल करके भी तु , मुस्कराता रह गया

तेरी जिन्दगी का मुझसे , बस इतना वास्ता रह गया

एक अजीब शाम थी , कि जब तु रुखसत हुई

मै इस तरह नज्म लिखकर , गुनगुनाता रह गया

~

आँसू नहीं पोछा मैंने, आज फिर

नहीं रोया मैं हालात पर अपने, आज फिर

बस कोशिश कि, सूख जाये पलको पर मेरे

न वक़्त बदला, न तुम और न हालात फिर

~

तुझसे बात करने का नही, पर तेरे साथ रहने का मन है

न जाने ये तेरी-मेरी , किस बात कि अनबन है

तू खोया मुझमे, मैं भी हूँ तुझमे शामिल

फिर आवाज देता दिल, तू कहीं से आ मिल

෴

वक़्त का तकाज़ा था, वक़्त से चले होते

तो शायद तूफां से पहले, हम भी सम्भल गए होते

෴

वो एक शक्श जो सबकी पलकों में रहा करता था

एक रोज मैंने देखा, आंसुओं के संग गिरा करता था

෴

वक़्त के हादसे

कुछ कम न हुए

तुम हमारे कभी

हमदम न हुए

तुमसे तुम्हें चुराने कि

जद्दोज़हद जारी है

न तुम्हें बुलाया

न तुम आओगे

फिर भी इन्तज़ार है

बेक़रारी है

उसने खुद से ही लिखी होगी , अपने मुकद्दर की इबारत

कि जो परेशां भी था उससे, आज उसके लिए रोता है

# 4
# जिंदगी

कुछ इस तरह से जिंदगी गुजर हो रही है

तकदीर जैसे किसी साये में सो रही है

मुझे मालूम है, मेरी मंज़िल कहाँ है

चल पड़ा हूँ , बस रास्ते में धुंध हो रही है

सफर हो जिंदगी का , या हो सफर मौत का

सफर तो सफर है , सफर से खौफ क्या

इस एहसास से ये रात गुजर जाएगी

इस मोड़ से जिंदगी ना जाने किधर जाएगी

साथ रहने का सपना, तो सपना ही रह गया

अपना लिया जिसने , साथ उसके चली जाएगी

मिलता है उसे , जिसका नाम होता है उस पर

गम हो या खुशी, जाम होता है उस पर

जिंदगी को अपना समझते हैं लोग अक्सर

जानते नहीं, मौत का अंजाम होता है उस पर

मायूस आज नहीं हम

खुशी इतनी भी नहीं , कि बयां कर सकें

बातें दिल में बहोत हैं मगर

जुबां पे इतनी भी नहीं , कि कुछ कह सकें

क्या करें , उदास न रहें अगर

मुस्कराहट तो अब बनावट बन गयी है

सच खोजते हो कहाँ इन गलियों में

अरे वो तो महलों कि सजावट बन गयी है

फुरसत नहीं मिली

कभी इस ज़माने से

कभी जद्दोजहद जिंदगी कि,

तो कभी

दो रोटी कमाने से

याद करते तुम्हें

तो भला कब

और क्यूँ कर करते

हम तो अपनों में भी रहे,

हर पल बेगाने से

कोई बेबसी नहीं , मगर बेबसी सी है

जिंदगी , जिंदगी नहीं , मगर जिंदगी सी है

~

हम क्यूँ हैं ? हम क्यूँ थे ? यह प्रश्न होगा

गुजरे हुए वक़्त में, गुजरने का एक स्वप्न होगा

क्या जिंदगी, कुछ इस तरह बदल जाएगी

हम होंगे आसमाँ पे और जमी रह जाएगी

~

तेज आंधियां हों तो झुक जाना जरूरी है

मगर ज़ंग वसुलो कि हो तो मर जाना जरूरी है

~

कुछ पाने कि जिद ने ही , जिंदगी उलझा दी

जो अपना नहीं था , अपनाने कि जिद ने ही सजा दी

कि समंदर के तूफान से , मैं कब घबराता था

साहिल पे था घर मेरा , एक लहर ने शमा तक बुझा दी

जिंदगी भर एक कमी रह जाएगी

मेरी आँखों में नमी रह जाएगी

गुजर जायेगा वक्त , मुठी भर रेत कि तरह

हम होंगे आसमाँ पे और जमी रह जाएगी

मैं यू ही बैठा किसी मोड़ पर

ना जाने किसके इंतज़ार में

कभी रास्तों पर नज़र

कभी मंजिलों का ख्याल

~

तंगहाल जिंदगी में वक़्त कि बड़ी तंगी है

कुछ सही , कुछ गलत , कुछ मिले-जुले रंग सी है

जो मैं कहता रहूँ , सब कुछ ठीक है यहाँ

तो गलत है , ये जिंदगी अब भी जंग सी है

~

हम दिए कि तरह जल जाते

पर हवाओं को ये मंजूर न था शायद

हम बात अपनी , बस यूँ ही कह जाते

पर कलम को ये मंजूर न था शायद

~

कुछ ख़ाब टूट गए , कुछ ख़ाब अब भी हैं

ज़िंदगी तेरी राहों में, कुछ राज अब भी हैं

मंजिलों का मातम क्यूँ है , क्यूँ सब कुछ रुका रुका सा है

जुबां खामोश है लेकिन , कुछ अलफाज अब भी हैं

~

हर रात सुबह का इंतजार होता है

हर रात एक एहसास रोता है

कि इस रात कि सुबह नहीं होगी

जिंदगी अब शायद , जिंदगी नही होगी

❧

लो जिंदगी में फिर एक मकाम आ गया

एक लम्हा तुम्हारे नाम आ गया

मैं चला था कुछ कदम ,तुम्हारे बगैर

तभी तुम्हारा पैगाम आ गया

❧

नज़रंदाज़ कुछ-कुछ करते जाना है

ठहरना है ठहर कर चलते जाना है

उजाले से अगर कोई चिढ़े तो क्या

हमें तो बस दिया सा जलते जाना है

जैसे-जैसे हम समझदार होते गए

न जाने क्या-क्या हम खोते गए

पहले कभी यूँ भी मुस्करा लेते थे

अब दर्द आंखों में छिपा रोते गए

लहरो से सीखा है, साहिल पर बिखर जाना

लहरो से सीखा है, लहरों से मिल जाना

लहरो से सीखा है, बार-बार उफ़न आना

और लहरो से सीखा है, समंदर में समा जाना

~

जिंदगी न जाने, क्या सुनती है, बुनती है, हर पल

कि हम, हर पल बिखरते हैं, बनते हैं, मिटते हैं

तेज रफ्तार जिंदगी में, ठहरे रहने का एहसास

निहायत ही अकेलापन , कई लोग होते हैं आसपास

~

आज उदासियों ने, घेर रखा है मुझे फिर

दो कदम तो साथ, चला कर ऐ ज़िन्दगी

लफ़्ज़ हैं, तो कहते बहोत कुछ हैं मगर,

आंखों की परछइयां, पन्नो पर नहीं बनती

ᘓ

वक़्त का दरिया भी , दर्द के रेगिस्तान में बहता है

कोई खफा हो किसी से मगर, खुद से भी खफा रहता है

हम देते रहते हैं दुहाई वक़्त कि , हालातों कि मगर

होता वही है हर पल, जो होने को लिखा रहता है

ᘓ

बिना दर्द के ख़ुशी, ख़ुशी नही लगती

बिना दर्द के, मुस्कान भी बेमानी है

बिना दर्द के मुकम्मल नही यहां कुछ भी

मुस्कान भी मुकम्मल तब है, जब आँखों में पानी है

वक्त कि हर धार को सहता जा रहा हूँ मैं

एक राह पकड़ ली है, चला जा रहा हूँ मैं

अब जुबां खामोश, आँखे भी वीरान हैं

जिससे जो मिला वही लौटा रहा हूँ मैं

अब लोग खफा हैं ,

मुझसे भी,

मेरी हर बात से भी

क्या करूँ,

कि मै भी बेबस हूँ ,

वक्त से भी

और हालात से भी

~

जिन्दगी की हसरतों का, बस इतना सरमाया है

जब आँखे खुली, तो सामने पत्थर का सनम पाया है

~

कभी खुद को,

कभी गैरों को,

कभी समय को बेमानी समझता रहा

क्यों मैं ऐसा हो गया,

जो समंदर को पानी समझता रहा

~

जीवन कि एक किताब ऐसी भी है, जो लिखी नहीं गई

कहने कि कई बातें ऐसी भी है जो कहीं नहीं गई

मैं सोचता हूँ अक्सर, उस किताब, उन बातों का क्या होगा?

शायद कभी लिख ना पाऊ! शायद कभी कह ना पाऊं !

किसी से शिकायत क्या करते?

खुद से शिकायत क्या कम थी?

किसी की चाहत क्या करते?

खुद से नफरत क्या कम थी?

मुश्किल होता है,

कभी खुद को समझा कर देखना

वरना हमें क्या,

समझाने की आदत कम थी?

मेरे जहन में आग थी ,

कोई दरख्त

क्यूँ कर न था

तपिश के साये में जिंदगी थी ,

मौत थी आस - पास

और उसका एहसास,

मै " जिन्दा "

यूँ ही मर कर न था

कुछ तुम्हें चाहिए , कुछ मुझे चाहिए

फलसफों के दरिया को समंदर चाहिए

हर कोई चाहता है , बेनाम होना एक वक़्त

क्योंकि नाम के सूरज को एक अंबर चाहिए

कागज के फर्श पर उम्मीदों का महल नहीं टिकता

अल्फ़ाज़ बिकते हैं , इस जहाँ में , कभी इंसा नहीं बिकता

टूटे हुए भी साज बजाती है जिंदगी

अखरती है , फिर भी , याद आती है जिंदगी

लिखने से यूँ तो आंसुओ का सैलाब आ जाता है

पर लिखते रहिये , कभी कभी इंकलाब आ जाता है

ര

हवाओं कि साजिश हुई , दिए से घर जलने लगा

वही आग , कलम से मै भी उगलने लगा

ര

तेरी आजमाइश कब खत्म होगी जिंदगी

थका अब भी नहीं, बस ठहर गया हूँ

ര

जिंदगी हर पल कुछ हसीन ख़ाब बनाती रही

मैं उस पर मुस्कराता , वो मुझ पर मुस्कराती रही

ര

अंधेरा न हो तूफानों में ,

दिये की लौ जलती रही

जिंदगी कुछ इस तरह भी

मेरी- तुम्हारी कटती रही

~

ज़माने

तेरा हाल न बदला कभी

बात इतनी सी थी ,

ख़ामोशियों का शोर चुभता रहा

~

किसे फिक्र है

किसी कि इस जहां में

कि बात करे

दौड़ता हर इंसाँ रहा

और बदलते हालात रहे

एक उम्र गुजर गई , एक उम्र गुजर जाएगी

वक़्त के साथ हर तस्वीर बदल जाएगी

किसी को किसी कि, परवाह अब नहीं है

जो ख़ामोशियों में गूंजे, वो आवाज अब नहीं है

जो तुम्हें कहना हो कुछ, तो आकर बैठो रोशनी में

ज़माने को तुम्हारी, पहचान अब नहीं है

ஒ

लौट कर सब परिंदे घर को चले गए

बागबां फिर से वीरान हो गया

एक सुकून दिल में फिर भी है

उड़ने को और एक आसमान हो गया

ஒ

वक़्त शिकायतों को दूर कर देता है

कभी वक़्त ही हमें मजबूर कर देता है

पक्षियों कि सी उड़ान, हमें सीखनी होगी

वक़्त कभी उड़ने का, मौका भी जरुर देता है

∽

कभी रुको किसी मोड़ पर

तो कोई बात होगी

रास्ते लंबे हैं

कहीं तो मुलाकात होगी

∽

वो मौत का तमाशा बना रहा था

मैं जिंदगी का जनाज़ा उठा रहा था

न जाने वो किधर जा रहा था

न जाने मै कहाँ जा रहा था

❧

वो फलसफों का दौर था, ये मजमों का दौर है

न तब किसी को तौर था, न अब किसी को तौर है

❧

कुछ करने के एहसास से गुजर रहे हैं लोग

तरकश में तीर की तरह , रह रहे हैं लोग

❧

वो आँसुओं के बादल थे, हमने उसे छाँव समझा था

वो मिट्टी के शहर निकले, हमने जिसे गाँव समझा था

# 5

# मोहब्बत

शमा परवाने से नहीं , परवानों की साज आज भी है

मोहताज मोहब्बत नहीं , मोहब्बत के मोहताज आज भी हैं

प्यार करने वाले मिट जाते हैं , पर प्यार मिटा नहीं करता

जिसको मिट जाने का खौफ होता है , वो प्यार ही नहीं करता

कुछ फलसफों कि बात तय थी

कुछ जिंदगी कि राह तय थी

तुमसे खफा मैं क्यूँ कर होता

कुछ हमारी तुम्हारी बात तय थी

मायने जिंदगी के बदल क्यूँ गए हैं

हम अपने रास्तों से भटक क्यूँ गए हैं

अफ़सोस तुम्हें भी होगा उन दिनों का

आज हम जैसे हैं , क्यूँ वैसे हो गए हैं

हमें आता नहीं दिल लगाना

मेरी बातों को समझा करो तुम

कह सकेंगें ना ऐसे हम तुमसे

इशारों को समझा करो तुम

~

मौकों को शब्द दे देते हैं

हालात बयां नहीं होते

कलम जो बयां कर जाती है

अक्सर वो दिल के हालात नहीं होते

~

ताबीर में तुम्हारी झलक भी नहीं

खतों के पन्ने तो ख्वाब हो गए हैं

अब दिल से खुद ही , कर लेते हैं सवाल

और उन सवालों के , खुद ही जवाब हो गए हैं

~

जीना भी सीख लोगे ,

दूर होने का इरादा जो किया है

रही बात मौत कि

वो हो नहीं सकती ,

फिर मिलने का वादा जो किया है

~

ना उसने पूछा

ना मैंने बताया

कि

एतबार और प्यार क्या होता है ?

बस उनकी आँखों में जो था

वो एतबार था शायद

और मेरी आँखों में ........

प्यार था शायद

मायूस दिल नहीं है

और आंखे नम भी नहीं

कि कागज के फूलों में

बहार कब आती है

तुम्हारे होने से

भूल जाता हूँ

खुद को भी मैं

जब तलक होता है एहसास

तेरे होने का

कि तु चली जाती है

इन आँखों का क्या करूँ , जो मुझे डुबोती हैं

इन ओठों का , कि ना जाने कितने खाब कैद हैं

ये रहनुमाई कह , मेरी है या तेरी है

कि इस धड़कते सीने में , कितनी सांसे कैद हैं

~

तेरी तलाश में भटकता रहा मैं राहों में

पर तू मुझको मिलता था अक्सर खाबों में

वो दौर-ए-वफ़ा था और मैं वेवफा नहीं था

कोई दिल में होता और कोई निगाहों में

~

मैं तेरे बगैर भी, खुश था शायद

पर अब हर वक़्त, बेचैनी की वजह तुम हो

कुछ जिंदगी के गम थे , कुछ तुम्हारे जख्म

पर अब जहाँ भी सुकून है , उस हर जगह तुम हो

तुम मुझसे खफा, हो न पाओगे अब

तुम मुझसे जुदा, हो न पाओगे अब

पहले था, कि ढूढ़ते थे तस्वीर मेरी

जहाँ जाओगे , मुझे वही पाओगे अब

मेरा या तेरा, कुछ भी नहीं था

जो था, वो बीते वक़्त कि भरपाई थी

क्या हुआ , क्या नहीं , किसे मालूम है

आँखे तेरी भी बंद , होश मेरे भी गुम, जब तू पास आई थी

इस तरह साथ छूटेगा तेरा, किसे मालूम था

इस तरह रूठेगा खुदा, किसे मालूम था

हमने की कोशिशें ,तमाम उम्र तुझे पाने की

हो जायेंगे इस तरह से जुदा, किसे मालूम था

सोचा था एक मुस्कान तुम्हारी , सफर आसान कर देगी

मगर अफ़सोस कि जाते-जाते , तुमसे मुलाकात न हुई

~

एक बार ही सही, नाम, जुबां पे आया तो होगा

जब तुमने, खत अपना लिखा, दोहराया होगा

~

एक बरस बीता, उम्र बढ़ गयी हमारी मोहब्बत कि

पर अफ़सोस, इस बात कि तुम्हे खबर न हुई

~

मिलते हैं तुमसे ,

एक लम्हें कि खुशी

फिर बिछड़ने का गम होता है

आखिर ये मुलाकातें भी ,

इतनी छोटी क्यों होती हैं?

जिसने मेरी आँखों में दर्द देखा ही नहीं

वो मेरे एहसास को क्या समझेगा

गले मिलकर भी जो मुस्कुरा देता है हर बार

वो मेरे प्यार को क्या समझेगा

ये दौर-ए-वफ़ा नहीं है ना सही

मेरे वजूद को इस तरह तो ना मिटाया कर

तू मेरी तलाश न कर, न मैं तेरी

गर मुलाकात हो जब कभी , तो मुस्कराया कर

तुम्हें भुला के मुझे जीना नहीं आता

मैं बेखबर सा हूँ , कोई तेरी खबर नहीं लाता

ये एहसास था , कि एक पल भी होगा सदियों सा

क्या करें कि सदियों में वो पल नहीं आता

तुम आओ कभी, ये हसरत ही रह गई

तुम्हारे इंतज़ार में , ज़िंदगी गुजर गयी

आ जाते, तो शायद मेरे प्यार का एतबार करते

हम खुद से भी ज्यादा , तुम्हें प्यार करते

~

तुम्हारी नज़रों का ही , क़ुसूर न था

हमने दिल को हथेली पे बिछा रक्खा था

हर बार गलियों में मुलाक़ात यूं ही न होती थी

मैंने तेरे शहर का नक्शा जो बना रक्खा था

~

ये एहसास जो नहीं , तो एहसास क्या है?

ये प्यास जो नहीं, तो प्यास क्या है?

मै पूछता हूँ तुमसे, ऐ मेरी मोहब्बत

मै जो नहीं , तो ये आसपास क्या है?

ना जाने कौन सा रिश्ता है ये ,जो टूट कर भी नहीं टूटा

किस डोर बांध रखा है कि ,छूट कर भी नहीं छूटा

क्या इस रिश्ते को वक़्त का मोहताज होना चाहिए

या फिर सही हो या गलत , कुछ अंजाम होना चाहिए

पढ़ा था

इश्क़ में सिर्फ दिया जाता है

पर हम संग दिल निकले,

कि चाहत भी थी कुछ हमारी

तेरे ओंठो के स्पर्श से, मैं तिल-तिल बिखरता रहा

तेरी सांसो से मैं, हर पल पिघलता रहा

न जाने क्या खोजता रहा मुझमें तू, बन्द आंखों से

मैं तो खुद को भी , तेरी बांहो में खोजता रहा

वो एक सपना था, कि ये एहसास एक सपना है

वो भी अपना सा था, ये भी अपना है

मैं न जाने कौन हूँ तेरा, तू न जाने कौन है मेरी

न ये तब समझना था, न ये अब समझना है

~

भूलने-भुलाने कि बातें ,बेमानी हो गयी

जिंदगी कुछ सच्ची, कुछ कहानी हो गयी

लगता है ये कहानी, हर रोज़ दुहराऊं मैं

कि पहले सिर्फ दीवाना था, अब दीवानी हो गयी

~

तेरी जुल्फों की उलझन ने जैसे कुछ सुलझाया हो

तेरी बांहों का नागपास ,मन मूर्छित कर आया हो

तूने मुझको छुआ था कब, मैंने तुझको जिया था कब

जब ढूंढ़ने चला , तो लगा , कि तू मुझमें ही समाया हो

~

इनआँखो का खालीपन, कि क्या कहें हम

दूर जाने कि तबियत नहीं, पास आना मुहाल है

~

एक उम्र ही तो गुजरी है , उनकी तलाश में

कहते हैं वो कि , ज़माने गुजर गए

~

यूं रूठने का सबब, क्या खुद भी मालूम है तुम्हें

या बेवजह ही रूठ जाने का मन था

चलो कोशिश करो

मुस्कुराने कि

मिलो एक बार

तुम्हें एक बार

तुमसे मिलाने का मन था

❧

बस मेरी यही तमन्ना है , मुझको ज़माने की परवाह नहीं है

तू मेरी हो जाये , तुझसा सारे ज़माने में आफ़ताब नहीं है

❧

बस एक उलझन है, हाले दिल सुनाने में

कि तेरा भी नाम आएगा , इस अफ़साने में

खुदा बचाये

इन निगाहों से

ना जाने इन्होने

कितनों को मारा है

काबू में है

जो दिल अभी इनके

किसी और का नहीं

हमारा है

हम सोचते रहे

रातो दिन

ये कुसूर किसका था

हमारा या तुम्हारा

पर नहीं

इन निगाहों का ही कुसूर सारा है

~

उफ़ ! ये हवाएं ,

ये झरने ,

ये बादल ,

ये वादियाँ

तू मेरे पास तो नहीं है

सब कुछ भला -भला सा है

तेरे होने का

एहसास तो नहीं है ?

वक्त लम्हा गिरा गया कोई

मुझको फिर से भुला गया कोई

आरजुओं ने भी तोडा है दम

ऐसी ना उम्मीदी जगा गया कोई

तेरी तस्वीर से, तेरी सूरत नहीं मिलती

बिखर जाती है शख्सियत, एक सी नहीं रहती

ना जाने कितने दरिया , कितने आसमां चलना पड़ता है

दो चार कदम साथ चलने से मंज़िल नहीं मिलती

ⓞ~ⓞ

ना जाने ये क्या है ?

ना जाने क्यूँ तुम हो ?

कहते हो हर वक्त तुम्हारा ख्याल रहता है

अब सामने हूँ लेकिन ख्यालों में गुम हो

ⓞ~ⓞ

तेरे वजूद पर है चर्चा हर तरफ आजकल

तू गैर है पता चला , हम तो अपना बनाये बैठे थे

अमावश की रात थी और तू मेरे साथ थी

न हो रौशनी की कमी , कि खुद को जलाये बैठे थे

तुम्ही तुम हो दूर तक , दूर तलक तुम्हें देखता हूँ

आखिर कौन हो तुम और मै किसे देखता हूँ

कसम से तुम्हारी कसम तोड देंगें

अब जो कसम दी , तुम्हें छोड़ देंगें

कभी अपनों से भी , पराये का एहसास रखते हैं

लाख चेहरे पर हो नफरत सही , वो हमसे प्यार करते हैं

~

सोचा न था , इस तरह से मुलाकात भी होगी

होगे सामने तुम और तुमसे कोई बात भी न होगी

~

तू अपना है कि पराया है

कभी कभी लगता है कि मेरा ही साया है

तुझसे जुदा होने कि कोशिश हर रात करता हूँ

सुबह होते ही लगता है , तू मुझमे समाया है

~

करते भी क्या हम , जो न करते तुम्हें रुसवा

तुम्हें देखने का , तुमसे मिलने का , यही रास्ता था

ना जाने क्यूँ

हर बार चलें आते हैं ,

वो कुछ इस तरह

कि समंदर की लहरें ,

कभी उठती हैं ,

कभी ठहरती हैं ,

बिखरती हैं कभी

हमने सुने ईद के

किस्से हज़ार थे

जब चाँद का दीदार हुआ ,

ईद से तब प्यार हुआ

उस मोहब्बत का यकीं करें कैसे

जिसकी जुबां पे अब तक इकरार न आया

और इस मजबूर दिल का क्या करें हम

जो उसी पे बेकरार हो आया

तुम चले जाओगे, यह जानता था मैं

फिर कभी ना आओगे, यह जानता था मैं

पता नहीं ये यकीं आज भी क्यों है?

कि तुमसे कह पाऊंगा, क्या चाहता था मैं

∾

जब भी लिखता हूँ , कलम बहक क्यूँ जाती है

लिखता मैं कुछ भी हूँ , पर तू लिख जाती है

नशा तेरी आँखों का है , कि तेरी बातों का

पर जब भी लिखता हूँ तुझे , लगता है तू अधर छू जाती है

∾

कैसे दीवाने हो गए हैं हम

कभी तेरा

कभी तेरे खत का इंतज़ार करते हैं

मगर आज तक तो हमने कहा नहीं

कि हम तुमसे प्यार करते हैं

रिसता रहा खून का कतरा कतरा

पथराई आँखों में उसके ही सपने थे

अब भी यकीं नहीं था, उनकी मोहब्बत का

पर वो हमेशा से हमारे अपने थे

इधर कुछ दिनों से मिलने का मन था

और एक सड़क ,तुम्हारे घर जाती भी थी

वक़्त के सिवा कोई बंधन न था

और याद तुम्हारी आती भी थी

जिंदगी अगर खुली किताब हो

तो ज़ज्बात सारे सरेआम होंगे

फिर किस-किस को सफाई देते फिरोगे

हर लब पे सिर्फ इल्ज़ाम होंगें

मेरी ख्वाइश थी, कि खुद से भी ज्यादा तुझे प्यार करूँ

तुझे न हो मुझ पर , तेरा ऐतबार करूँ

जिस तरह से तोड़ा है तूने मेरा दिल, कि क्या करूँ

भूल जाऊं तुझे, या अब भी इंतज़ार करूं?

~

वो वक़्त था

जो चाँद बनकर

आसमां पे ठहर गया है

ये चाँद है जो

तलाश में रोशनी की

वक़्त सा गुज़र गया है

चंद आसार हों ऐसे, मेरी पहचान बन जाये

कोई ऐसा जमाने में, मेरी भी जान बन जाये

ऐ चांद तुझे इतना गुरूर क्यूँ है?

आंखों में बिम्ब है तेरा ,

तू मुझसे दूर क्यूँ है?

पत्तों के झुरमुटों से, आसमाँ पे छा जाते हो

हर रोज़ तुम्हें, लोग निहारें

इतनी कशिश कहाँ से लाते हो

www.ingramcontent.com/pod-product-compliance
Lightning Source LLC
LaVergne TN
LVHW041116150826
845673LV00007B/2074

* 9 7 9 8 8 9 2 7 7 0 1 5 6 *